DES IDÉES POUR SE
DÉGUISER

Conception et textes :
Émilie Beaumont

Images :
Colette David

ÉDITIONS FLEURUS. 11, rue Duguay-Trouin 75006 PARIS

Voici rassemblé sur ces deux pages tout ce qu'il faut pour organiser un carnaval de sorcières très réussi : des costumes de sorcières,

de fées, de fantômes et de vampires, des gâteaux monstrueux, sans oublier des yeux qui font peur.

DÉGUISEMENT DE SORCIÈRE

Matériel : deux rouleaux de papier crépon noir et un orange, fil à coudre noir, fil élastique, aiguille, paire de ciseaux, colle et laine orange.

Prendre les mesures et les reporter sur le papier (coudre deux hauteurs ensemble si nécessaire pour obtenir la dimension B).

Dessiner la robe en suivant le schéma, puis la découper dans deux épaisseurs de papier.

Découper des pièces orange comme sur le dessin.

Avec du fil noir, coudre les deux parties ensemble, comme sur le schéma.

Découper le jupon dans un morceau de papier crépon dont la largeur est égale à deux tours de taille. Passer un fil élastique pour la taille et découper le bas en demi-cercles.

Enfiler le jupon et le froncer à la taille, puis passer la robe, sur laquelle on a collé les pièces orange. Coudre le haut du dos comme sur le schéma.

Assembler des bouts de laine pour faire une perruque de sorcière et égaliser.

Voilà une vraie sorcière !

CHAPEAU DE SORCIÈRE

Matériel : grande feuille de papier blanc cartonné, papier crépon noir, orange et doré, coton, compas, paire de ciseaux, laine noire, colle et Scotch.

Tourner le papier blanc pour former le chapeau et le fermer avec du Scotch.

Avec le compas, dessiner et découper un anneau, qui sera le bord du chapeau.

Le recouvrir de papier crépon noir.

Découper le chapeau suivant le schéma.

Découper une bande orange et une boucle dorée et les coller sur le chapeau.

Pour l'araignée, déposer du coton au milieu d'un carré de papier crépon noir.

Faire une petite bourse et la fermer avec un bout de laine noire.

Découper six pattes et deux yeux. Les coller sur la boule. Attacher l'araignée par le bout de laine avec du Scotch à l'intérieur du chapeau.

Voilà un chapeau de sorcière d'enfer !

CHAPEAU DE FÉE

Matériel : grande feuille de papier cartonné blanc de 40 x 50 cm, papier crépon rose et doré, baguette en bois, colle, ciseaux et crayon noir.

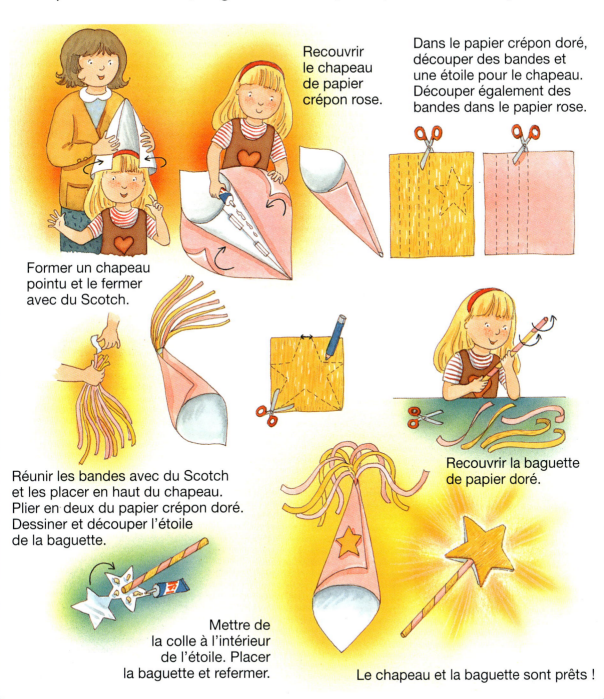

Former un chapeau pointu et le fermer avec du Scotch.

Recouvrir le chapeau de papier crépon rose.

Dans le papier crépon doré, découper des bandes et une étoile pour le chapeau. Découper également des bandes dans le papier rose.

Réunir les bandes avec du Scotch et les placer en haut du chapeau. Plier en deux du papier crépon doré. Dessiner et découper l'étoile de la baguette.

Recouvrir la baguette de papier doré.

Mettre de la colle à l'intérieur de l'étoile. Placer la baguette et refermer.

Le chapeau et la baguette sont prêts !

DÉGUISEMENT DE FÉE

Matériel : deux rouleaux de papier crépon rose, plus un doré, agrafeuse, fil élastique blanc, aiguille, colle et paire de ciseaux.

Avec l'aide d'un adulte, prendre les mensurations et les reporter sur le papier.

Découper le modèle dans deux feuilles superposées.

Pour la jupe, il faut une largeur de papier crépon rose égale à deux fois le tour de taille.

Coudre ou agrafer les deux parties ensemble. Découper le milieu du dos.

Passer un fil élastique à la taille et découper des demi-cercles pour le bas.

Passer un fil élastique autour du col et de la taille du corsage.

Dans du papier doré, dessiner et découper plein d'étoiles et deux bandes, pour le cou et la taille.

Coller les étoiles sur le corsage et la jupe de fée.

Passer le costume et resserrer la taille et le col.

Avec la baguette dans une main, voilà une très jolie fée.

Cacher le fil élastique avec les bandes de papier doré.

DÉGUISEMENT DE VAMPIRE

Matériel : rouleaux de papier crépon noir et rouge, fil à coudre rouge et noir, aiguille, ruban noir en satin, ciseaux et crayon.

Prendre les mesures : pour la distance A, compter 10 cm de plus. La hauteur B étant supérieure à la largeur du papier qui est de 50 cm, il faut coudre deux largeurs ensemble et couper si nécessaire.

Différentes étapes pour coudre des bandes de papier ensemble.

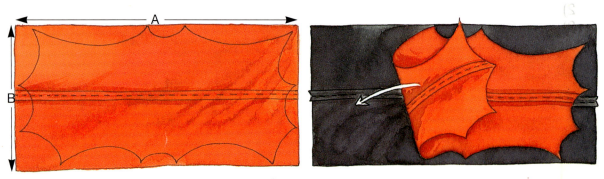

Les mesures sont à reporter sur le papier rouge. Puis, après avoir découpé en suivant le modèle, reporter la cape sur le papier noir.
Coudre les deux modèles ensemble.

Avec les ciseaux, faire des trous aux endroits indiqués sur le schéma. Découper et passer un ruban en haut pour attacher la cape au cou et deux autres pour les poignets, afin de pouvoir agiter la cape.

Pour être un vrai vampire
1) Cheveux plaqués avec du gel.
2) Sourcils passés au crayon noir.
3) Taches de sang au rouge à lèvres.
4) Fausses dents.
5) Chemise blanche.
6) Pantalon et chaussures noirs.
7) Cape noir et rouge.

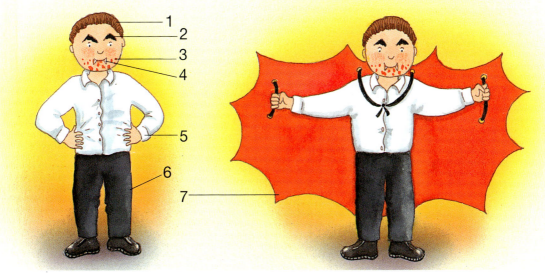

DÉGUISEMENT DE FANTÔME

Matériel : deux rouleaux de papier crépon blanc, fil à coudre blanc, fil élastique blanc, aiguille, mètre, paire de ciseaux et crayon à papier.

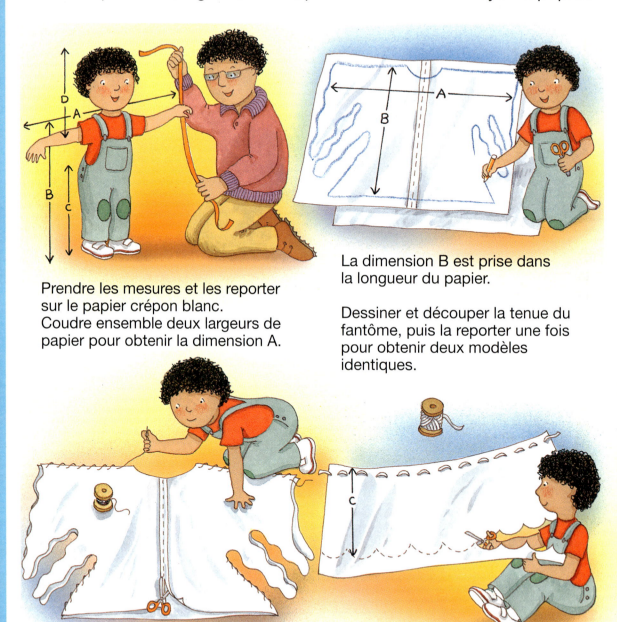

Prendre les mesures et les reporter sur le papier crépon blanc.
Coudre ensemble deux largeurs de papier pour obtenir la dimension A.

La dimension B est prise dans la longueur du papier.

Dessiner et découper la tenue du fantôme, puis la reporter une fois pour obtenir deux modèles identiques.

Coudre les deux modèles ensemble. Dans du papier crépon blanc, découper le jupon (compter deux fois la taille pour la largeur à cause des fronces). Passer un fil élastique pour la taille et découper le bas en vagues.

Froncer le jupon tout autour de
la taille pour donner du volume
et l'attacher derrière.

Enfiler la robe
blanche et coudre
le haut du dos
comme sur le schéma.

Pour la tête,
découper un
grand cercle de
papier blanc et
ouvrir une fente.

Placer le cercle sur la tête en le serrant
jusqu'à ce qu'il soit à la bonne taille (comme
pour un chapeau pointu). Le coudre derrière.

Faire deux trous pour les yeux et
dessiner la bouche au feutre noir.
Voilà un fantôme effrayant !

CROQUE LA POMME EMPOISONNÉE

Simple et facile, ce drôle de jeu est très amusant et nécessite d'avoir de bonnes dents. Il est recommandé de jouer dans le jardin.

Grande bassine

Arrosoir

Pommes

Poser la bassine vide à sa place définitive (pleine, elle serait trop lourde à porter), la remplir d'eau et mettre les pommes équeutées. C'est prêt !

La bassine est décorée avec une citrouille découpée dans du papier crépon.

Chaque joueur doit garder ses mains derrière son dos et attraper les pommes avec sa bouche. Le gagnant est celui qui a attrapé le plus de pommes en 5 min.

LE FIL À BONBON

Ce jeu a beaucoup de succès, car il est très facile à préparer et crée une bonne ambiance.

Bobine de fil

Bonbons

Paire de ciseaux.

Découper un bout de ficelle d'environ 2 m.

Attacher un bonbon au milieu du fil.

Chaque joueur met ses mains derrière son dos. Il faut réussir à enrouler le fil dans sa bouche, comme pour manger des spaghettis, et essayer d'arriver le plus rapidement possible à attraper le premier le bonbon.

JEU DE LA FARINE

Si on n'a pas peur de se barbouiller la figure avec la farine, ce jeu est très drôle, mais il est recommandé de jouer dehors.

Il faut deux kilos de farine, des carrés de chocolat, du papier d'aluminium et une paire de ciseaux.

Découper un morceau de papier d'aluminium de 50 cm de long.

Rabattre les quatre côtés du rectangle.

Placer un morceau de chocolat et le recouvrir de farine.

Chaque joueur doit conserver ses mains derrière le dos et essayer de dénicher le chocolat avec sa bouche.
Le premier à l'avoir trouvé a gagné.